FABRICATION
ET
RAFFINAGE DU SUCRE

MÉMOIRE
THÉORIQUE & PRATIQUE

DE
M. PROSPER LAGRANGE
Directeur de la raffinerie GUILLON

(Présenté à l'Académie des sciences par M. PÉLIGOT, membre de l'Institut, dans la séance du 24 novembre 1873)

AYANT RAPPORT

À L'ACTION DE LA BARYTE & DU PHOSPHATE BASIQUE D'AMMONIAQUE SUR LES PRODUITS DES PLANTES SACCHARIFÈRES

SUIVI DE LA

FABRICATION INDUSTRIELLE DE L'HYDRATE DE BARYTE ET DU PHOSPHATE BASIQUE D'AMMONIAQUE

PARIS
IMPRIMERIE GAUTHIER-VILLARS
55, QUAI DES GRANDS-AUGUSTINS

1874

FABRICATION

ET

RAFFINAGE DU SUCRE

MÉMOIRE

THÉORIQUE & PRATIQUE

DE

M. Prosper LAGRANGE

Directeur de la raffinerie Guillon

(Présenté à l'Académie des sciences par M. Péligot, membre de l'Institut, dans la séance du 24 novembre 1873)

AYANT RAPPORT

A L'ACTION DE LA BARYTE & DU PHOSPHATE BASIQUE D'AMMONIAQUE SUR LES PRODUITS DES PLANTES SACCHARIFÈRES

SUIVI DE LA

FABRICATION INDUSTRIELLE DE L'HYDRATE DE BARYTE

ET DU PHOSPHATE BASIQUE D'AMMONIAQUE

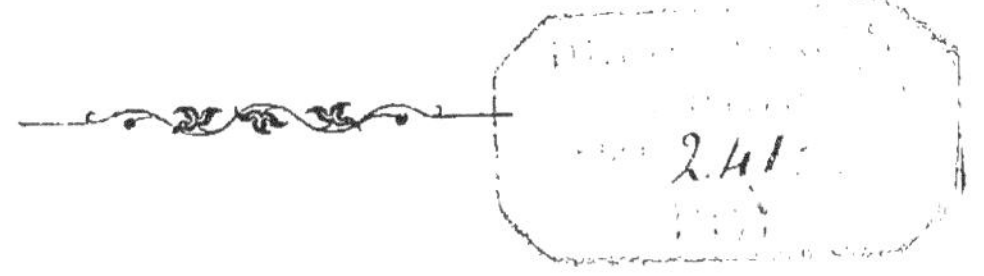

PARIS

IMPRIMERIE GAUTHIER-VILLARS

55, QUAI DES GRANDS-AUGUSTINS

1874

A *Monsieur* *FREMY*,

Membre de l'Institut et Professeur de chimie au Muséum d'histoire naturelle.

Cher Maître,

Vous avez bien voulu accepter la dédicace de ce premier travail. Ma pensée, en le mettant sous le patronage de votre nom illustre dans la science, est de vous rendre un hommage de reconnaissance pour les salutaires leçons que j'ai reçues de vous, dans votre laboratoire.

Sous votre égide, et appuyé sur les saines données de la science, que vous m'avez appris à aimer et à cultiver, j'essayerai, comme vous, mais en vous suivant de loin, de consacrer mes travaux à la recherche des grandes vérités scientifiques et au progrès de l'industrie.

P. Lagrange.

FABRICATION

ET

RAFFINAGE DU SUCRE

PREMIÈRE PARTIE

MÉMOIRE THÉORIQUE

I. — Méthodes d'épuration employées actuellement dans l'industrie sucrière.— Leur imperfection.

Depuis les travaux de MM. Kuhlmann et Rousseau, fondés sur le traitement des jus sucrés par la chaux, et l'élimination de cet alcali par l'acide carbonique, les méthodes d'épuration ont fait peu de progrès dans l'industrie sucrière. Le principe est resté le même; la manière de l'appliquer a seule changé.

Les méthodes dites de double carbonatation, de carbonatation trouble, etc., ne sont qu'une modification du principe primitif; c'est la chaux et l'acide carbonique qui en forment la base, mais à dosages variés et multiples. Toutes ces méthodes n'éliminent qu'une partie des corps mélassigènes et laissent subsister, dans les produits traités, de nombreuses substances étrangères qui échappent à leur action. Ce sont précisément les corps sur lesquels les anciennes méthodes n'ont aucun pouvoir que je me suis proposé d'éliminer, dans le but d'augmenter le rendement, jusqu'à présent si faible en sucre, des plantes saccharifères.

II. — Opinion des savants sur les corps mélassigènes.

Dans l'état actuel de la science, il est un fait acquis et reconnu par presque tous les chimistes qui se sont spécialement occupés de cette question : c'est l'influence fâcheuse qu'exercent sur la cristallisation du sucre les sels et les matières organiques. Il y a même des savants qui regardent les matières organiques comme plus mélassigènes que les sels minéraux.

Quelles que soient les divergences d'opinion, il est certain que, dans les mélasses, le sucre, qu'on ne peut extraire, est presque toujours en présence au moins de 10 p. 100 de sels et d'une très-forte proportion de matières organiques, et que l'action nuisible de ces corps sur l'immobilisation du sucre est évidente.

III. — But de l'emploi de la baryte et du phosphate basique d'ammoniaque.

Le nouveau procédé d'épuration chimique dont j'ai l'honneur de faire part à l'Académie repose sur l'élimination de certains composés minéraux et organiques, si nuisibles à la cristallisation du sucre, sous la double action de la baryte et du phosphate basique d'ammoniaque, composés qui échappent au traitement calco-carbonique, le seul employé jusqu'à présent.

Ce traitement calco-carbonique est loin d'être parfait; non-seulement il laisse dans les jus et sirops une grande quantité de matières étrangères, nuisibles à la cristallisation du sucre, mais encore il donne à certains acides organiques un élément minéral, la chaux, que l'acide carbonique ne peut décomposer.

IV. — Action de la baryte sur certains sels organiques de chaux, sur les sulfates alcalins et sur les sels organiques de soude et de potasse.

Action du phosphate basique d'ammoniaque sur les sels de chaux.

Indépendamment des sels organiques de chaux, indécomposables par l'acide carbonique, il y a, dans les jus sucrés, des sulfates de soude et de potasse, des acides végétaux, combinés également à la potasse et à la soude.

Ces corps, qui exercent une si fâcheuse influence sur le rendement et la marche facile du travail, en augmentant le poids des mélasses, je suis parvenu à en éliminer une forte proportion, à l'aide des deux réactifs, la baryte et le phosphate basique d'ammoniaque.

Les sels organiques de chaux qui résistent à l'acide carbonique sont totalement décomposés par le phosphate basique d'ammoniaque. Il se forme, en effet, du phosphate de chaux insoluble, et il se produit des sels ammoniacaux.

Parmi ces sels organiques de chaux, il y en a d'une nature particulière, qui sont également précipités par la baryte. La baryte, dans ce cas, agit par action de présence, sans former de combinaison. Ce sel organique de chaux, précipité d'une pièce par la baryte, on le retrouve dans les tourteaux, sous forme de carbonate de chaux insoluble. L'expérience m'a montré que l'addition de la baryte enlève toujours un tiers de la chaux contenue dans le sirop.

On peut donc d'abord utiliser cette action coagulante, particulière de la baryte, avant de faire agir, sur les sels organiques de chaux, le phosphate d'ammoniaque.

J'utilise également l'action de la baryte pour décomposer les sulfates alcalins et alcalino-terreux. Il se forme du sulfate de baryte, et les alcalis sont mis en liberté.

Cette action de la baryte s'applique également à l'élimination des acides végétaux qui, eux aussi, sont combinés à la potasse et à la soude. Le traitement calco-carbonique n'ayant pu les éliminer, cette base n'agit plus alors sur ces sels par action de présence et par coagulation, mais de la manière que voici : elle s'y combine directement pour former un sel organique de baryte, insoluble dans un milieu alcalin et soluble dans un milieu acide, en laissant en liberté les alcalis soude et potasse. Ces alcalis décomposent complétement les sels ammoniacaux; l'ammoniaque se volatilise.

V. — Action de la baryte et du phosphate d'ammoniaque sur les produits de la canne. — Travail alcalin, sans chaux.

C'est surtout dans les jus de la canne que l'action de la baryte se manifeste avec énergie. Ces produits contiennent peu de sels minéraux et une proportion si petite de sulfates qu'il est inutile de se préoccuper de leur élimination. Mais en revanche, la quantité d'acides végétaux qu'on y rencontre est assez considérable. Ces acides sont ou libres, ou combinés aux alcalis potasse et soude. La baryte possède une affinité toute spéciale et très-remarquable pour ses acides végétaux et forme avec eux des sels insolubles, qui se précipitent sous forme de laque, en entraînant des matières colorantes. Ces sels sont insolubles dans un milieu alcalin, mais ils se dissolvent avec facilité dans un milieu acide; or, les alcalis, mis en liberté, favorisent admirablement cette insolubilité.

L'étude de cette réaction remarquable m'a permis de résoudre un problème industriel des plus importants : celui de pouvoir, sans chaux et sans sels de chaux, maintenir les jus et sirops de canne alcalins, dans toute la série des opérations industrielles, et éviter la formation du glucose aux dépens du sucre cristallisable.

En effet, on se trouve, dans le traitement du vesou, en présence de deux écueils également funestes : celui de déféquer avec trop peu ou pas assez de chaux; dans le premier cas, quand on défèque légèrement, de façon à ne laisser que peu de chaux dans les sirops, ils ne tardent pas à devenir acides, et alors la transformation du sucre cristallisable en glucose fait de rapides progrès; c'est le travail suivi dans toutes les colonies; aussi le sucre qui arrive en Europe est-il chargé de glucose. Dans le second cas, si on défèque de façon à rendre alcalins les jus, par un excès de chaux, c'est alors que les acides végétaux, dont la capacité de saturation pour cet alcali est très-grande, s'en emparent pour former des sels de chaux, qui nuisent énormément aux cuites, aux cristallisations et aux turbinages.

Mais si, après avoir déféqué légèrement à la chaux, de façon à obtenir des sirops alcalins, on fait agir concurremment la baryte et le phosphate d'ammoniaque, cette base vient décomposer immédiatement les acides végétaux, combinés à la soude et à la potasse, pour former d'une part un sel organique de baryte insoluble et mettre en liberté ces alcalis, tandis que les sels de chaux sont également décomposés par le phosphate d'ammoniaque, d'où il résulte du phosphate de chaux insoluble et un dégagement d'ammoniaque.

VI. — Tentatives d'emploi du phosphate d'ammoniaque.

Quelques chimistes, entre autres Kuhlmann, ont proposé le phosphate d'ammoniaque pour éliminer les sels organiques de chaux indécomposables par l'acide carbonique (1). Ces chimistes n'ayant employé que le phosphate d'ammoniaque seul, n'ont jamais obtenu de bons résultats. La

(1) Walkhoff, tome I, page 250.

chaux était parfaitement éliminée des jus et sirops; mais après ébullition, ces derniers étaient toujours acides. Tous les essais tentés avec ce sel ont échoué, de l'aveu même des opérateurs.

Si j'ai pensé au phosphate basique d'ammoniaque, c'est parce que j'ai reconnu la pierre d'achoppement de mes prédécesseurs, et j'ai pu l'éviter dans l'emploi de ce composé associé à la baryte. L'alcalinité, qu'il est impossible d'obtenir avec le phosphate seul, n'est pas le seul danger que présente l'emploi de ce corps. Il faut encore que le phosphate d'ammoniaque soit exempt complétement de sulfate d'ammoniaque, ou qu'on ne le forme pas dans la réaction du phosphate d'ammoniaque sur certains sels de chaux, tels que le sulfate de chaux. Il existe en effet, presque toujours, dans les sucres bruts, et par conséquent dans les sirops, du sulfate de chaux. Ce sel, dont la proportion est plus ou moins grande, suivant les soins apportés à la fabrication, est aussi décomposé par le phosphate d'ammoniaque; il se forme du phosphate de chaux insoluble et du sulfate d'ammoniaque soluble dans les sirops. Ce sulfate d'ammoniaque non-seulement constitue par lui-même une impureté et exerce sur les rendements et la cristallisation la même action que les autres sels, mais encore il possède les propriétés les plus dangereuses. A l'ébullition, le sulfate d'ammoniaque se change en sulfate acide et transforme le sucre cristallisable en glucose, en introduisant la fermentation dans les sirops. L'interversion du sucre n'est pas la seule grave avarie qu'apporte le sulfate d'ammoniaque dans le traitement des sirops. En formant du glucose, ce sel rend les produits gommeux et gras, et il arrive que les cuites ne peuvent se travailler à la turbine, le sirop ne pouvant se séparer du grain. De même dans le raffinage des sucres, sous l'influence de ce sel, il est impossible de faire purger les pains, le sirop vert restant dans la masse cristalline. Ce grave inconvénient disparaît avec l'emploi de la baryte ; cette base décompose le sulfate de chaux, en formant du sulfate de baryte insoluble ; et la chaux, mise en liberté, peut alors être précipitée par le phosphate d'ammoniaque.

VII. — Pureté absolue du phosphate d'ammoniaque.

Cette action si nuisible du sulfate d'ammoniaque sur le sucre démontre suffisamment quelle importance il y a à n'employer que du phosphate d'ammoniaque chimiquement pur et exempt complétement de toute trace de sulfate d'ammoniaque. En effet, dans la préparation de l'acide phosphorique, destiné à produire le phosphate d'ammoniaque, on fait agir l'acide sulfurique sur les phosphates minéraux. Malgré les meilleurs dosages, il reste toujours de l'acide sulfurique dans l'acide phosphorique ; si l'on n'a pas le soin de séparer l'acide sulfurique, on aura infailliblement du sulfate d'ammoniaque dans le phosphate d'ammoniaque.

Si ceux qui ont tenté de travailler avec du phosphate d'ammoniaque isolément n'ont pas observé rigoureusement cette impérieuse nécessité, il était impossible que les sirops sur lesquels ils opéraient ne devinssent pas acides, et par conséquent qu'ils ne formassent pas du glucose. Le phosphate d'ammoniaque, quoique chimiquement pur et exempt de sulfate d'ammoniaque, ne saurait donc, comme je l'ai dit plus haut, sans le concours de la baryte, maintenir alcalins les sirops exempts de chaux et de sels de chaux. On n'obtient, en effet, par la double décomposition des sels organiques de chaux, par le phosphate basique d'ammoniaque, que des sirops neutres. Dans les différentes phases des opérations industrielles, un sirop neutre ne tarde pas à devenir acide sous l'influence de la chaleur et des ferments qui s'y développent. C'est alors que la potasse et la soude, séparées par la baryte de l'acide sulfurique et des acides végétaux avec lesquels ces alcalis se trouvaient combinés, viennent jouer un rôle important. Ces alcalis, comme nous l'avons dit, loin de nuire aux produits sucrés, peuvent, dans de certaines limites, activer la cristallisation du sucre, en faciliter le turbinage, le rendre sec et nerveux et le protéger merveilleusement contre toute espèce d'altération. Dans ce milieu essentiellement alcalin, les ferments ne pouvant se développer, le sucre se trouve à l'abri de leur terrible action. Cette alcalinité des sirops se maintient avec la plus grande facilité, dans les cuites et cristallisations successives, jusqu'aux mélasses, dernier terme de leur épuisement, sans qu'on ait eu besoin, comme dans l'ancien travail, d'additionner chaque jet d'un lait de chaux.

De plus, la potasse et la soude, séparées de leur combinaison minérale ou organique, sont bien plus absorbables sous cet état par le noir animal. J'ai observé que, dans ces conditions, l'élimination de ces alcalis par le noir était de 1/3 plus considérable que quand ils sont combinés à des acides minéraux ou à des acides végétaux.

VIII. — Origine des sulfates alcalins et alcalino-terreux contenus dans les sucres bruts.

Tous les sucres bruts indigènes que la raffinerie reçoit des fabriques renferment, à peu d'exceptions près, des sulfates alcalins dont la proportion varie avec l'état du sol, la nature des engrais et les soins plus ou moins attentifs apportés à la fabrication.

On en trouve de si petites traces dans le sucre de canne, qu'on ne doit pas se préoccuper de leur élimination.

La proportion de l'acide sulfurique dans les sucres de betteraves peut varier entre 0,10 et 0,50 0/0.

Cette proportion des sulfates dans les sucres ne semble pas correspondre avec la petite quantité qu'on trouve de ces sels dans les cendres provenant de l'incinération de la betterave.

M. Peligot a constaté que, pour 100 de ces cendres, il n'y avait que 1 ou 2 de sulfates.

Nous nous sommes demandé dans quelle circonstance l'acide sulfurique pouvait bien prendre naissance. Était-ce pendant la végétation, sous l'influence de certains engrais chimiques, ou bien dans les diverses phases du travail industriel ?

Les recherches que nous avons entreprises à ce sujet nous ont démontré que la teneur normale en acide sulfurique ne changeait pas sensiblement, même dans la betterave cultivée avec certains engrais chimiques renfermant des sulfates solubles.

La proportion de ces sels se maintient, c'est-à-dire n'augmente pas, dans les jus sucrés jusqu'à la saturation.

Après la saturation, les jus étant soumis à l'analyse, nous avons constaté que la proportion d'acide sulfurique était de beaucoup plus forte qu'avant cette opération.

Ayant fait l'analyse des gaz employés à la saturation, nous avons trouvé presque toujours une assez forte quantité d'acide sulfureux, ce qui nous a fait penser que là se trouvait une des grandes sources de l'acide sulfurique.

En effet, l'acide carbonique se prépare industriellement, et particulièrement dans toutes les fabriques de sucre, en portant à une haute température, dans des fours, des couches successives de carbonate de chaux et de coke.

Or, dans le coke, même lessivé et préparé avec soin, il reste toujours des sulfures qui dégagent, sous l'influence de la chaleur, de l'acide sulfureux se mélangeant avec l'acide carbonique, et donnent naissance à des sulfites qui, dans le cours des opérations industrielles, se transforment en sulfates.

Telle est, à peu d'exceptions près, l'origine des sulfates que l'on rencontre dans presque tous les sucres bruts.

IX. — Action du sulfate d'ammoniaque dans la culture de la betterave. Sa décomposition par cette plante.

La betterave a, pendant son alimentation, si peu d'affinité pour l'acide sulfurique, qu'il m'a été impossible d'en constater des traces, même dans des betteraves fumées avec du sulfate d'ammoniaque. Est-ce là, peut-être, un fait particulier?

Dans le Nord, on a aujourd'hui une grande tendance à employer les engrais chimiques et à faire de la culture intensive. Avec le nitrate de soude, on n'hésite pas à se servir du sulfate d'ammoniaque.

J'ai examiné avec le plus grand soin des betteraves provenant de ce genre de culture. L'analyse m'a fait constater deux fois plus d'azote dans de telles betteraves que dans celles qui étaient fumées avec les engrais ordinaires; mais je n'y ai rencontré que bien rarement de l'acide sulfurique. Ce fait intéressant et extraordinaire démontre, une fois de plus, que le sulfate d'ammoniaque ne doit pas être rejeté, et surtout considéré comme un ennemi dangereux pour la culture de la betterave et son rendement en sucre.

La plante, fumée avec le sulfate d'ammoniaque, s'assimile donc l'azote de l'ammoniaque, et les alcalis de la terre végétale saturent et neutralisent l'acide sulfurique, au fur et à mesure de sa mise en liberté, par le travail de la nutrition de la plante, qui agit alors comme un véritable et admirable réactif.

X. — Mode de formation des acides végétaux de la betterave. — Sels organiques de chaux, indécomposables par l'acide carbonique.

Si l'acide sulfurique vient, la plupart du temps, augmenter accidentellement la proportion des sels dans les sucres, il n'en est pas de même des acides végétaux. Ces acides végétaux, tout en ayant des origines et des natures différentes, viennent de la betterave, soit qu'ils aient subi des modifications sous l'influence des ferments et des principes divers renfermés dans cette plante.

Si les acides végétaux, unis à la potasse et à la soude, se modifient sous des influences diverses, les alcalis restent fixes, depuis la maturité de la betterave jusqu'à sa décomposition. La plupart de ces acides ne sont que des modifications de la pectose sous l'influence de la pectase. La baryte, comme nous l'avons dit plus haut, agit sur ces sels en les décomposant.

Après le râpage, quand les jus de betterave, séparés de la pulpe, sont traités par la chaux, une partie de ces acides végétaux se combine avec cette base; les uns sont éliminés, sous forme de composés organiques insolubles; d'autres, après ce traitement, restent dans les jus, sous forme de composés organiques de chaux solubles, et ces combinaisons sont d'autant plus stables, que ces acides végétaux ont une étonnante capacité de saturation.

L'acide carbonique est sans action sur ces sels organiques de chaux solubles; le phosphate basique d'ammoniaque, associé à la baryte, est le seul remède efficace et rationnel qu'on puisse employer pour combattre tous les troubles que ces composés apportent dans l'équilibre d'une bonne fabrication.

XI. — Reconstitution de l'acide phosphorique, et condensation de l'ammoniaque.

En faisant agir le phosphate d'ammoniaque sur les sels de chaux, il se passe, comme nous l'avons dit plus haut, deux phénomènes bien distincts :

D'un côté, la chaux est précipitée par l'acide phosphorique, et ce phosphate de chaux insoluble, séparé par filtration des jus et sirops, est, après lavage, envoyé aux filtres-presses ; il sort de ces appareils à l'état de tourteau renfermant tout l'acide phosphorique employé.

Ce phosphate de chaux peut donc être traité de nouveau, soit pour en extraire l'acide phosphorique, soit pour le rendre assimilable et l'envoyer de là à l'agriculture, sous forme de superphosphate. C'est du reste actuellement l'emploi auquel on le destine.

D'un autre côté, l'ammoniaque, séparée de l'acide phosphorique par la double décomposition du sel de chaux, se dégage à l'ébullition sous l'influence des alcalis mis en liberté.

Si cette ébullition se fait en vase clos, on pourra donc, en condensant les vapeurs ammoniacales dans une dissolution d'acide phosphorique, fixer et recueillir une grande partie de l'ammoniaque employée dans la réaction.

C'est ainsi que ces deux corps, après avoir servi merveilleusement à l'épuration des produits sucrés, l'un en éliminant la base, l'autre en désorganisant l'acide, peuvent être recueillis, ou pour servir de nouveau à l'épuration des jus et sirops de la betterave et de la canne, ou pour aller porter à ces plantes leurs propriétés fertilisantes.

Telle est la série des réactions et des développements théoriques qui ressortent de l'application simultanée de l'hydrate de baryte et du phosphate basique d'ammoniaque aux produits de la canne et de la betterave.

DEUXIÈME PARTIE

APPLICATION INDUSTRIELLE DE LA BARYTE ET DU PHOSPHATE BASIQUE D'AMMONIAQUE AUX PRODUITS DE LA SUCRERIE ET DE LA RAFFINERIE.

I. — Pratique de l'opération en sucrerie. — Dosages de la baryte et du phosphate d'ammoniaque.

Après avoir exposé, au point de vue théorique, les réactions auxquelles l'application de la baryte et du phosphate d'ammoniaque donne naissance dans le traitement des produits des plantes saccharifères, il ne sera peut-être pas sans intérêt de tracer le rapide tableau des opérations pratiques de cette nouvelle méthode en sucrerie et en raffinerie, des avantages industriels et économiques qu'elle procure, et de donner un aperçu exact de la fabrication industrielle de la baryte et du phosphate basique d'ammoniaque.

En sucrerie, où déjà plusieurs établissements importants marchent avec succès, on applique ordinairement la baryte et le phosphate d'ammoniaque aux sirops de la betterave, et, dans les fabriques de sucre de canne, ces réactifs sont employés sur le vesou.

Après les premières opérations de râpage et de pressage, après la défécation et la saturation, les jus, décantés et filtrés sur le noir, sont envoyés aux appareils à triple effet pour y être concentrés jusqu'à 20° Baumé.

C'est à cette phase du travail que se fait l'épuration. Les sirops à 20° Baumé étant amenés dans une chaudière à serpentins ou à double fond, en cuivre ou en tôle, sont chauffés jusque vers 80 à 90° centigrades, puis additionnés d'une solution de baryte, ou d'un lait de sucrate de baryte dont la proportion varie avec la quantité de matières précipitables qui s'y trouve. La moyenne des dosages est de 2 à 3 kil. par 10 hectolitres de sirop à 20° Baumé.

Pour déterminer la quantité maximum et par équivalent de baryte nécessaire dans cette réaction, il est important de rechercher dans quelle proportion se trouvent l'acide sulfurique et les acides organiques.

Voici les méthodes analytiques dont nous faisons usage :

Pour déterminer l'acide sulfurique des sulfates, nous employons la méthode volumétrique de MM. Boutron et Boudet, qui est d'une exécution bien plus rapide que celle qui se fait par poids. Elle repose sur le principe suivant :

Si dans une dissolution calcaire pure on ajoute une quantité donnée de baryte, on augmente d'autant le titre hydrotimétrique de la liqueur (les savons à base de baryte étant également insolubles).

Mais si cette dissolution contient des sulfates, une certaine quantité de baryte sera précipitée, le titre sera diminué d'autant.

La différence entre le titre total qu'on aurait eu si la dissolution eût été exempte de sulfates et le titre trouvé indique la baryte précipitée, d'où la quantité d'acide sulfurique contenue dans les liqueurs à analyser.

Pour analyser les acides organiques précipitables par la baryte, nous avons recours à deux méthodes qui donnent des résultats très-exacts.

La première consiste à traiter le sirop par une dissolution titrée de nitrate de baryte mise en excès, et après neutralisation à déterminer l'affaiblissement du titre de la liqueur. Connaissant la quantité d'acide sulfurique existant, il sera donc facile de déterminer le poids d'acides végétaux que la baryte aura saturé.

La seconde méthode, qui est plus longue, comme toutes les analyses par pesées, mais dont les résultats ne sont pas moins exacts, consiste à précipiter par un excès de baryte très-pure l'acide sulfurique et les acides végétaux d'un sirop soumis à l'essai.

Le précipité, formé de sulfate de baryte, de sel organique de baryte, est recueilli sur un filtre taré; on le lave jusqu'à ce que les eaux de lavage ne contiennent plus ni sucre ni baryte. On le sèche à 100° centig. à l'étuve et on le pèse. On incinère ensuite le précipité et le filtre, et on reprend le produit par l'acide hydrochlorique étendu d'eau. Le carbonate de baryte formé pendant l'incinération seul se dissout dans l'acide, et on recueille sur un filtre le sulfate de baryte; on le lave, on le calcine et on le pèse.

Les eaux de lavage acides sont réunies, et la baryte qu'elles tiennent en dissolution, et qui est la baryte combinée aux acides végétaux, est précipitée de nouveau par l'acide sulfurique, précipité dont on détermine également le poids.

On a donc ainsi la quantité d'acide sulfurique et d'acides

végétaux renfermée dans la liqueur, ainsi que la proportion équivalente de baryte saturée par ces acides.

Cependant, en pratique, dans le dosage de la baryte, pour ne pas s'exposer à en mettre un excès, il faut faire en sorte de conserver dans les sirops à peu près 1 centième de matières précipitables par cette base, que le noir peut absorber facilement. Au delà de cette quantité, il y aurait peu de chance pour que ces impuretés soient totalement éliminées, surtout avec la petite proportion de noir employé ordinairement dans les fabriques.

La baryte étant mélangée aux sirops, on agite vivement le liquide ; aussitôt l'acide sulfurique et les acides végétaux combinés aux alcalis se précipitent sous forme de sels barytiques insolubles dans le sirop alcalin ; puis on ajoute le phosphate basique d'ammoniaque, pour décomposer, en formant du phosphate de chaux, tous les sels calcaires qui ont échappé à l'action du gaz acide carbonique.

La quantité de phosphate basique d'ammoniaque employé dans cette réaction est proportionnelle aux sels de chaux que renferment les produits à épurer. Une analyse hydrotimétrique en détermine rapidement le poids.

On ajoute en moyenne 1 kil. de phosphate cristallisé par 10 hect. de sirop à 20° Baumé. Pour ne pas mettre d'excès et pour utiliser les propriétés absorbantes du noir, on laisse ordinairement de 5 à 10 centièmes de chaux dans le sirop. Du reste, cette quantité est subordonnée à l'action plus ou moins absorbante et à la qualité du noir. On ne peut donc ici rien préciser, mais indiquer seulement la marche à suivre pour appliquer avec succès le procédé (1).

(1) En fractionnant l'addition du phosphate basique d'ammoniaque, c'est-à-dire

Le précipité issu de ces réactions est un mélange de sulfate de baryte, de carbonate de baryte, de carbonate de chaux et de phosphate de chaux, avec une assez forte proportion de matières organiques, et constitue un engrais très-assimilable. Il est retenu par les poches d'un filtre Taylor, et le sirop limpide et épuré qui en sort rentre alors dans le travail ordinaire, pour subir la cuite en grains ou à air libre.

Après les filtrations, on retire le précipité des poches des Taylor, on le délaye dans les chaudières à écumes de défécation et de saturation avec lesquelles il est mélangé, puis envoyé aux filtres-presses.

Aux colonies, avec les produits de la canne, voici comme on procède :

Le vesou, au sortir des moulins broyeurs, est immédiatement traité, soit par l'ammoniaque, soit par la baryte, soit par un lait de chaux, de façon à saturer les principes acides qu'il renferme et à obtenir une réaction alcaline au papier de tournesol. On procède ensuite à la défécation, en ajoutant une quantité de chaux suffisante pour avoir, après décantation, des jus légèrement alcalins. On ne doit donc pas craindre les graves conséquences de l'emploi de la chaux en excès, qui forme, dans les jus de la canne, ces combinaisons calcaires si stables et si nuisibles que nous avons étudiées et dont nous avons parlé plus haut, puisqu'on a en main le phosphate d'ammoniaque pour remède, à la condition toutefois que l'action de ce sel sera combinée avec celle de la baryte.

en précipitant une partie de la chaux avant l'évaporation, on active cette évaporation et on évite les incrustations sur les serpentins des appareils à double ou à triple effet.

Dans les fabriques où les procédés de carbonatation sont installés, on enlève avec le gaz carbonique la chaux de dissolution, puis on ajoute le phosphate d'ammoniaque pour enlever soit la chaux de dissolution, soit la chaux saline, c'est-à-dire celle qui se combine aux acides végétaux. Puis, pour maintenir l'alcalinité si indispensable et qui disparaît promptement avec la séparation de la chaux et l'évaporation des sels ammoniacaux, on ajoute une solution de baryte ou un lait de sucrate de baryte dont on a préalablement déterminé le titre.

On porte à l'ébullition; comme dans les produits de la canne, il n'y a pas trace d'acide sulfurique; les acides végétaux, combinés à la potasse et à la soude, se précipitent sous forme de laque, en entraînant des matières colorantes, et restent insolubles dans le milieu alcalin qui se forme aussitôt, alcalinité qui se maintient avec la plus grande facilité dans toutes les phases du travail. Ces précipités sont également reçus sur des filtres Taylor, filtres qui paraissent être les plus favorables à leur séparation.

Avec cette méthode, on obtient des sucres d'une grande blancheur, qui ne contiennent que des traces de glucose qui paraît être le glucose préexistant dans la canne, sucres qui peuvent supporter la traversée pour venir sur les marchés européens sans altération.

II. — Avantages économiques résultant de l'emploi de ce procédé en sucrerie. — Évaluation des rendements.

Les avantages qui résultent de ce mode de traitement, en sucrerie, sont : 1° de régulariser et d'équilibrer jusqu'à la fin de la fabrication, même avec des betteraves altérées, les rendements de cuite en grain ou de cuite à air libre ; 2° d'augmenter le titrage des second et troisième jets.

Ainsi, une fabrique qui, au commencement de la campagne, avec des betteraves fraîches et les procédés ordinaires, a 75 kil. de grain par hectolitre de masse cuite, ne tarde pas, avec le temps, à voir ses rendements baisser jusqu'à 65 kil., sous l'influence des matières étrangères qui se forment pendant l'altération des betteraves en silos et qui s'opposent, dans une certaine mesure, à l'extraction du sucre.

Le traitement barytique et au phosphate d'ammoniaque, en les éliminant, donne des sirops suffisamment épurés, et les rendements du commencement de la fabrication se maintiennent avec la plus grande facilité.

Les sucres de second et troisième jet étant débarrassés d'une partie des sels minéraux, de la totalité des sels de chaux, et de nombreuses matières organiques, cristallisent avec plus de facilité et de vigueur, et donnent des titrages de 4 à 5 p. 100 de plus que par l'ancienne méthode.

Dans les transactions commerciales, on accorde au sucre une valeur de 1 fr. 50 par degré ; or, un sucre ayant 5 degrés de plus représente donc une valeur de 5 × 1.50 = 7 fr. 50 par 100 kil.

Indépendamment des grands avantages du maintien des rendements en premier et de l'élévation du titrage, l'élimination des sels de chaux permet, non pas de supprimer, mais de diminuer d'une notable proportion l'emploi si coûteux du noir animal.

Ainsi de nombreuses expériences, faites sur les produits industriels, nous ont démontré que le noir est au phosphate basique d'ammoniaque, au point de vue de l'absorption des sels calcaires, comme 1 est à 7.

Un autre avantage qui résulte de l'emploi de notre procédé d'épuration, c'est d'avoir résolu le problème de la cuite alcaline sans chaux et sans sels de chaux.

En effet, la potasse et la soude, mises en liberté par la précipitation des acides minéraux et végétaux auxquels elles étaient combinées, sous l'influence de la baryte, entretiennent jusqu'aux mélasses une alcalinité soutenue.

On ne doit donc plus craindre les cuites lourdes et immobiles, le grain mal formé dans l'appareil à cuire et se détachant difficilement du sirop à la turbine, difficultés occasionnées par la présence de la chaux et des sels calcaires, qui sont, dans l'état actuel des choses, indispensables au maintien de l'alcalinité des produits et qui causent de si grandes pertes aux fabricants.

L'élimination de la chaux et des sels de chaux vient d'une façon très-heureuse faciliter l'application d'un procédé dont tout le monde connaît les sérieux effets et le principe : je veux parler de l'osmose de M. Dubrunfaut.

Personne n'ignore comment cet illustre et infatigable

champion de la science appliquée à notre grande industrie sucrière sut transformer la membrane dialysatrice de Dutrochet en un ingénieux appareil continu d'osmose.

Quiconque a étudié et pratiqué l'osmose doit savoir aussi combien, dans l'épuration des mélasses par ce procédé, la chaux et les sels de chaux sont peu diffusibles, et quelles sont les incrustations que ces corps forment sur les papiers parcheminés.

Ces incrustations sont telles, qu'elles diminuent et arrêtent les bons effets de l'osmose, et nécessitent de fréquents démontages.

J'ai eu l'occasion de voir osmoser des mélasses issues du travail à la baryte et au phosphate d'ammoniaque; ces mélasses, ne contenant ni chaux ni sels de chaux, se travaillaient avec beaucoup plus de succès, et l'alcalinité, indispensable aussi pour ce genre de travail, développée par la mise en liberté des alcalis, potasse et soude, sous l'influence de la baryte, donne une intensité nouvelle et bien plus grande aux forces osmotiques.

III. — Application de la méthode aux produits de la raffinerie. — Avantages industriels et économiques. — Suppression du sang. — Cuites alcalines sans chaux. — Eaux de dégraissage alcalines. — Travail des écumes simplifiées. — Filtres-presses. — Augmentation du poids des pains.

En raffinerie, ce nouveau procédé fonctionne avec la plus grande régularité.

Plusieurs établissements en France et à l'étranger l'ont

installé, et les avantages qui en résultent ne sont pas moins grands qu'en sucrerie.

C'est aux chaudières à fondre les sucres bruts que s'applique cette nouvelle méthode.

Le précipité chimique produit par la baryte et le phosphate d'ammoniaque clarifie admirablement les sirops, tout en les épurant. Cette propriété nous a permis de supprimer la clarification au noir fin et au sang.

L'emploi du sang dans les sirops, c'est-à-dire dans des produits extrêmement sensibles aux altérations, a toujours été regardé comme une opération désastreuse.

En effet, les principes fermentescibles qu'il renferme et qui agissent d'une façon si énergique sur le sucre ont attiré assez souvent l'attention des chimistes, et ces principes sont assez connus, pour qu'il soit utile d'en parler plus longtemps.

Donc, parmi les nombreux avantages que l'emploi de la baryte et du phosphate d'ammoniaque apporte à la raffinerie, je signale, en première ligne, la suppression du sang.

Les germes de fermentation qui existent dans les sucres bruts et qui trouvent un développement naturel avec l'emploi du sang sont énergiquement combattus et détruits par les alcalis mis en liberté, et l'élimination des matières organiques, par l'addition de la baryte.

Avec la clarification au sang, on n'obtient pas toujours, au sortir des filtres à noir en grains, des sirops franchement alcalins; la plupart du temps, ils sont ou neutres ou acides.

Les sirops vont donc, dans cet état, à l'appareil à cuire, pour y subir la cuite en grains. Le glucose qui s'y développe non-seulement colore les produits, mais donne à la masse une telle viscosité, que le grain se produit dans de mauvaises conditions et que les sirops verts s'en séparent difficilement. C'est là souvent la cause des pains flammés ou des pains jaunissant dans les étuves, ainsi que des pains hygrométriques.

Avec cette nouvelle méthode, nous avons démontré que les sirops se maintenaient parfaitement alcalins et étaient ainsi à l'abri de toutes ces difficultés de travail.

Un des graves inconvénients de la clarification au sang, c'est d'avoir des eaux de dégraissage des grands filtres à noir très-acides. Il s'y développe toujours une véritable fermentation lactique. Les eaux deviennent laiteuses au fur et à mesure de l'abaissement de leur densité, et leur goût, à partir de 5° Baumé, est insupportable.

Comme ces eaux chargées de glucose servent à la fonte, elles vont donc porter au chargement tous les mauvais principes qu'elles contiennent.

Or, l'alcalinité développée dans les filtres à noir, par l'emploi de la baryte et du phosphate d'ammoniaque, est telle, que les eaux jusqu'à 0 degré conservent leur limpidité et sont exemptes de toute espèce d'altération. Leur goût même ressemble à de l'eau légèrement sucrée.

Un autre avantage de cette méthode est de simplifier le travail des écumes. Le précipité à laver étant moins considérable que celui formé par l'emploi du sang et du noir fin, on perd moins de sucre dans les résidus, on a moins d'eau à évaporer, et ces eaux sont toujours alcalines.

De plus, ce précipité, par sa nature, étant moins gras, nous avons pu, pour le presser, remplacer les presses à vis et hydrauliques par le filtre-presse, instrument d'une si grande simplicité.

Nous avons signalé également comme un avantage en sucrerie l'élimination absolue des composés calcaires ; en raffinerie, l'avantage n'est pas moins grand.

L'élimination de ces composés, l'alcalinité soutenue et l'exemption de glucose dans les sirops destinés à fabriquer les pains leur enlevant toute trace de viscosité, nous permettent de faire des cuites serrées et d'avoir un plus grand rendement en pains.

Ainsi, dans l'ancien travail, on avait des pains pesant 10 kil. 50 ; aujourd'hui, avec ce nouveau traitement et avec les mêmes formes, on obtient des pains allant à 11 kil. 30 en moyenne. La différence est donc de 800 grammes en plus par pain. Sur une fabrication de 10,000 pains par jour, c'est donc par jour 8,000 kil. de sucre pur qui ne coûtent pas plus de temps, pas plus de main-d'œuvre, pas plus de vapeur, par conséquent pas plus de combustible.

IV. — Traitement des bas produits. — Sucres de vergeoises et de citernes allant droit au chargement.

Quant au traitement des résidus qui forment en raffinerie quatre jets, on peut les cuire et les faire cristalliser sans clarification et sans les additionner de chaux pour les empêcher de fermenter.

L'alcalinité ferme et soutenue de ces produits, même

dans les mélasses, les met dans des conditions parfaites pour une bonne cristallisation et un facile turbinage.

Les sucres de vergeoises et de citernes qui proviennent de ces turbinages peuvent être directement envoyés au chargement, quand autrefois on était obligé, pour les épurer, de les fondre et de les faire cristalliser préalablement.

Enfin, les avantages qui découlent de la substitution de cette nouvelle méthode à l'ancienne se résument et se traduisent par une augmentation très-sensible du rendement ordinaire.

Tous ces avantages, qui ne sont pas hypothétiques, mais vrais, et que nous avons sans cesse sous les yeux, ont une éloquence qui ne devrait pas échapper aux praticiens. J'aurais atteint mon but si nos industriels français ne se laissaient pas devancer par les industriels étrangers; j'aurais ainsi la satisfaction non-seulement d'avoir rendu service à notre industrie nationale, mais encore, en lui faisant faire un pas de plus dans la voie du progrès, de la mettre en état de rivaliser avantageusement avec les nations étrangères, déjà si favorisées par le système de leur impôt.

TROISIÈME PARTIE

FABRICATION INDUSTRIELLE DE LA BARYTE

I. — Tentatives d'emploi de la baryte sur une grande échelle. — Applications diverses de la baryte. — Usine de Comines.

Après avoir décrit la théorie de cette nouvelle méthode, son application industrielle, et les avantages qui en résultent, nous allons faire la description des procédés manufacturiers à l'aide desquels on fabrique la baryte et le phosphate basique d'ammoniaque.

Jusqu'à présent, les applications de la baryte ont été fort restreintes ; c'est pour cela qu'on n'a pas créé de grands établissements pour sa fabrication.

L'application qui paraissait devoir assurer à la baryte un grand développement, c'est celle que fit, à la Villette, M. Dubrunfaut en 1850, en traitant les mélasses des raffineurs de Paris par la baryte, pour en extraire le sucre, sous forme de sucrate de baryte, en se basant sur la belle découverte qu'avait faite de ce composé M. Péligot, en 1839.

L'impôt peu intelligent dont fut frappé ce sucre vint porter un coup mortel à cette nouvelle industrie et empêcha que ce procédé d'extraction ne se généralisât.

Un seul établissement, celui de M. Tilloy, à Courrières, continue l'extraction du sucre des mélasses par la baryte; mais on y fabrique cet alcali exclusivement pour les besoins du travail.

Des industriels de Limoges, M. Lelong, à Grenelle, et d'autres encore firent des efforts infructueux pour fabriquer la baryte sur une grande échelle, dans l'espérance d'appliquer cet alcali soit à la verrerie ou à la cristallerie, ou à la préparation du bi-oxyde de baryum pour la fabrication de l'eau oxygénée, soit pour l'extraction de l'oxygène atmosphérique, par la méthode de Boussingault, ou bien encore, comme l'ont indiqué MM. Margueritte et de Sourdeval, pour la production des cyanures et de l'ammoniaque par la condensation de l'azote de l'air.

Malgré cela, les quantités de baryte employées pour ces usages n'offraient pas jusqu'à présent de débouchés assez grands pour qu'une usine pût avantageusement monter un matériel important et écouler tous ses produits.

Il n'existe qu'une seule usine en France dans laquelle la baryte est fabriquée sur une grande échelle, c'est l'établissement de Comines, monté par MM. Hentsch Lutscher et compagnie, et considérablement agrandi par la société anonyme qui exploite ce nouveau procédé, pour répondre aux besoins incessants de l'industrie sucrière.

Nous allons décrire aussi complétement que possible les différentes réactions chimiques à l'aide desquelles on prépare industriellement l'hydrate de baryte.

II. — Gisements. — Choix du minerai. — Son broyage. — Son mélange avec le charbon.

Il existe, comme on le sait, deux minerais de baryte très-propres à la fabrication de cet alcali : le carbonate, qui est la withérite des minéralogistes, et le sulfate de baryte, appelé spath pesant.

Le carbonate de baryte se rencontre en France, en Belgique, mais surtout et en grande abondance dans le nord de l'Angleterre ; les plus riches échantillons viennent des mines d'Alton-Moor.

Il faut une très-grande chaleur pour décomposer ce minerai ; aussi la préparation de la baryte par la calcination seule est-elle pratiquement impossible. Mélangé avec 10 p. 100 de charbon, l'élimination de l'acide carbonique se fait plus facilement, mais pas d'une manière complète. Il faut une température beaucoup trop élevée, à laquelle les fours ne résisteraient pas, pour que le rendement soit complet.

Ces difficultés n'ont pu être surmontées jusqu'à présent, malgré les perfectionnements apportés dans la construction des fours à réduction.

Cette difficulté est telle que dans le traitement des mélasses par la baryte, pour en extraire le sucre et la décomposition du sucrate par l'acide carbonique, on ne peut jamais revivifier d'une manière complète et économique la totalité du carbonate de baryte précipité, quoique ce sel, sous cet état, soit d'une décomposition plus facile que la withérite.

On a donc renoncé à l'emploi du carbonate de baryte pour la fabrication de cette base ; on a donné la préférence au sulfate de baryte.

Ce dernier minerai, du reste, est beaucoup moins coûteux que la withérite ; de plus, il donne facilement la totalité de la baryte, combinée à l'acide sulfurique. Le sulfate de baryte est donc le vrai minerai qui doit servir de base à la fabrication industrielle de la baryte.

Le spath pesant ne donne pas, comme la withérite, directement de la baryte, après la calcination ; il subit, pour cela, différentes transformations chimiques très-intéressantes, dont voici la description.

Le sulfate de baryte arrive à l'usine en blocs, tel qu'il est extrait des mines ; on le pulvérise à l'aide d'un puissant broyeur Carr. Avec cet appareil, on peut broyer jusqu'à 6,000 kil. de minerai à l'heure.

Après ce broyage, on fait un mélange intime de sulfate pulvérisé avec du coke ou du charbon de terre, dans la proportion de 20 p. 100.

M. Nicklès a remarqué que certains corps poreux pouvant donner par la chaleur de l'oxyde de carbone, tels que la sciure de bois, mélangés aux minerais, étaient plus favorables à sa réduction et donnaient de meilleurs rendements.

Malgré cette observation, on a donné jusqu'à présent la préférence au coke ou au charbon de terre, dont la production est plus abondante et sur laquelle on peut toujours compter dans une fabrication établie sur une grande échelle.

Le mélange de charbon et de minerai étant fait, on l'introduit ensuite dans des fours à gaz, analogues aux fours Siémens, pour opérer la désoxydation du sulfate et sa transformation en sulfure de baryum.

III. — Description des fours à gaz Siémens.

M. William Siémens, depuis quelques années, a fait faire un pas immense à la métallurgie, en la dotant des fours qui portent son nom et qui ont non-seulement l'avantage de réaliser une grande économie de combustible, mais encore d'obtenir de très-hautes températures. Aussi la verrerie et la fabrication de l'acier s'en sont-elles emparées rapidement. De même les industries chimiques, qui employaient l'ancien four à réverbère, commencent-elles à lui substituer le four à gaz Siémens.

Le principe des fours à gaz les plus favorables à la réduction du sulfate de baryte repose sur celui des fours Siémens, en utilisant la chaleur d'un mélange gazeux formé d'oxyde de carbone, d'hydrogène et d'air qu'on enflamme. Ces fours ont reçu de M. Tessié-Dumotay, l'infatigable inventeur, des modifications très-importantes. L'oxyde de carbone et l'hydrogène sont préparés en faisant passer un courant d'air sur de la houille qu'on brûle dans des gazogènes.

Le four Siémens a la forme d'une vaste cuvette.

La sole est formée de larges pièces réfractaires de 20 centimètres d'épaisseur; il est important de n'employer que des pièces crues, pour qu'il ne se fasse pas de dilatation ni de retrait.

Les régénérateurs sont au nombre de 4 : deux pour l'air,

deux pour le gaz; ceux de l'air, plus larges que ceux du gaz, sont disposés sous le four parallèlement à son axe; les gaz pénètrent directement dans le four, l'air y est appelé par le tirage de petites cheminées à l'autre extrémité du four.

Les entrées de gaz et d'air sont ménagées latéralement sur toute la longueur du four; elles sont superposées, celle de l'air se trouvant au-dessous de celle du gaz, de telle sorte que la circulation alternative de la flamme se fait dans la largeur du four, pour obtenir la combustion complète dans le trajet de la flamme.

Ces entrées sont inclinées vers la sole, de façon à projeter la flamme sur la surface du mélange à réduire.

Elles sont disposées de façon à permettre de modifier pendant la marche l'accès de l'air ou du gaz, afin de faire varier la nature chimique de la flamme, soit pour refroidir le four, soit pour le porter à une plus haute température.

On peut changer à volonté la direction des courants gazeux; quand on aura chauffé pendant quelque temps, les gaz, en sortant du four, passent par des orifices dans des régénérateurs en briques réfractaires, dans lesquels ils abandonnent une partie de la chaleur. Si on veut élever la température du mélange gazeux, on peut alors, au moyen de valves, changer la direction du courant; au lieu de les faire pénétrer directement dans le four, on les fait passer d'abord dans les régénérateurs, dans lesquels ils s'échauffent et entrent ensuite, et déjà à une température élevée, dans le four.

Si, au contraire, on veut abaisser la température pour que le mélange soumis à la réduction n'entre pas en fusion, on diminue l'entrée des gaz et on augmente celle de l'air froid.

Du reste, on doit toujours avoir sous la sole une active circulation d'air dont on peut à volonté alterner l'entrée.

On peut, avec ces dispositions, toujours maintenir un four à la même température, ce qui est impossible de réaliser avec les fours à réverbère.

Après chaque cuite, dont la durée est de six heures, pendant lesquelles on brasse sans cesse le mélange, on procède au défournement.

IV. — Lessivage. — Désulfuration. — Cristallisation.

L'opération du défournement de la masse réduite se fait le plus rapidement possible ; le produit de la calcination tombe dans des chariots parfaitement clos et à bascule qui conduisent et versent les produits dans les cuves à lessiver, contenant de l'eau, munies de barbotteurs et d'agitateurs mécaniques.

Quand les cuves sont chargées, on ouvre les robinets de vapeur et on met les agitateurs en mouvement. On arrête l'opération quand les liqueurs marquent 25° Baumé environ. On laisse les dépôts se former et on procède rapidement à la décantation.

Les liqueurs sont alors reçues dans les cuves à désulfuration, avec les eaux de lavage des résidus, après concentration à 25° Baumé.

Ces liqueurs sulfureuses, colorées en jaune par le bisulfure de baryum, sont, au point de vue chimique, assez complexes. Ce sont des mélanges d'hydrate de baryte à 9 équivalents d'eau (9 H^2O), de protosulfure à 6 équivalents d'eau (6 H^2O), de bisulfure de baryum et de sulfhydrate barytique.

Quel que soit l'état du soufre dans ces liqueurs, il en est facilement éliminé par presque tous les oxydes métalliques.

Pour opérer la désulfuration, Kucrinski indique l'oxyde de cuivre, mais la revivification du sulfure obtenu cause de trop grandes pertes pour avoir recours à son emploi.

La litharge désulfure très-rapidement à froid; mais à cause du prix élevé du plomb, il est certain que cet oxyde doit être également rejeté.

Le bioxyde de manganèse, proposé par Riegel, opère la désulfuration, mais plus lentement que ces derniers oxydes. Nous avons remarqué que, selon qu'on fait agir le bioxyde de manganèse à froid ou à chaud, on obtient des résultats opposés. Le bioxyde mélangé à froid aux sulfures les décompose, et la température s'élève jusqu'à 50° cent., par suite de la combinaison chimique. Si on le fait agir à chaud, c'est-à-dire en portant la température de 70° à 100° centigrades, il se fait une oxydation du sulfure, il se dégage de l'oxygène; et, au lieu d'obtenir une solution de baryte et un précipité de sulfure de manganèse, le sulfure barytique se change en sulfate de baryte, et on ne retrouve plus une seule trace de baryte dans les liqueurs.

Le défaut du bioxyde de manganèse, dont le sulfure se grille facilement et l'oxyde se revivifie complétement, d'un prix cependant peu élevé, est d'exiger pour la désulfuration un trop grand excès de bioxyde de manganèse et d'agir trop lentement. Les tentatives faites pour employer à chaud ou à froid, par voie sèche ou par voie humide, l'oxyde de fer, ont été jusqu'à présent infructueuses.

De tous les oxydes métalliques proposés, l'oxyde de zinc, désigné par A. Muller, est le seul qui semble avoir réalisé les conditions économiques indispensables dans tout travail en grand.

C'est donc à cet oxyde qu'on peut avoir recours pour la désulfuration du sulfure de baryum.

On introduit dans les cuves à désulfurer, munies de serpentins et d'agitateurs mécaniques, l'oxyde de zinc, dans la proportion de 200 kilogrammes par 35 hectolitres d'eaux sulfureuses pesant 25° Baumé.

On porte à l'ébullition en agitant sans cesse le mélange; l'opération est terminée quand une goutte de la liqueur limpide ne noircit plus avec le sous-acétate de plomb.

Comme l'oxyde de zinc est légèrement soluble dans les liqueurs alcalines, la solution barytique en retient quelques traces; mais à cause de l'insolubilité de l'oxyde de zinc dans le sucre, il est préférable, dans la baryte destinée à la sucrerie, de n'avoir que quelques traces de cette base plutôt que d'avoir du sulfure de baryum non décomposé.

La désulfuration étant complète, on obtient du sulfure de zinc insoluble et une liqueur contenant l'hydrate de baryte. On laisse déposer, puis on envoie rapidement les liqueurs barytiques, qui pèsent environ de 23 à 24° Baumé, directement aux cristallisoires.

Quand les liqueurs refroidies ne pèsent plus que 4 à 5° Baumé, on les soutire pour les reconcentrer à 24, on laisse goutter les cristaux, ou bien encore on les soumet au turbinage ; le produit ainsi obtenu est de l'hydrate de baryte à 9 équivalents d'eau, qu'on embarille le plus promptement qu'il est possible.

V. — Revivification du sulfure de zinc

Le sulfure de zinc pur se revivifie très-facilement et on peut dire très-complétement, soit par le grillage, soit par les transformations chimiques. Celui qui est issu de la désulfuration du sulfure de baryum n'est pas de même. Il est toujours souillé de produits barytiques, malgré les lavages répétés qu'on lui fait subir, et dont on le débarrasse difficilement.

Il y a dans cette revivification toujours des pertes sensibles. On revivifie le sulfure de zinc par deux méthodes : par voie humide et par le grillage.

En 1868, M. Nicklès proposa un procédé de revivification du sulfure de zinc dont voici la description : On attaque ce sulfure par l'acide chlorhydrique, on le transforme ainsi en chlorure de zinc, et il se dégage de l'hydrogène sulfuré que l'on brûle. Ce chlorure de zinc est additionné d'un lait de chaux, dans la proportion strictement nécessaire pour en précipiter le zinc à l'état [d'oxyde et afin d'éviter la formation de l'oxychlorure. Au lieu d'un lait de chaux, on peut employer du carbonate de chaux en poudre, ou de la dolomie ; dans ce cas, c'est du carbonate de zinc qui est précipité. On en régénère l'oxyde de zinc, en portant le carbonate de zinc au rouge naissant. Tout en produisant de l'oxyde de zinc ou du carbonate de zinc, il se forme des chlorures alcalino-terreux, qu'il est toujours important d'enlever, mais toujours difficile.

Cette méthode n'est pas économique, elle nécessite un emploi assez considérable d'acide chlorhydrique, de plus des appareils spéciaux pour la combustion de l'hydrogène sulfuré.

Ou alors, si ce gaz délétère et infect n'est pas brûlé, il occasionne de très-graves ennuis.

Le meilleur procédé de revivification du sulfure de zinc est le grillage.

Le sulfure de zinc lavé aussi complétement que possible est soumis au grillage, dans des fours analogues à ceux employés au grillage des pyrites : il se dégage de l'acide sulfureux, et l'oxyde de zinc régénéré peut de nouveau rentrer dans la fabrication et servir à la précipitation du soufre du sulfure de baryum.

Telles sont les différentes opérations industrielles qu'on exécute pour la fabrication de l'hydrate de baryte.

Les chimistes et les industriels qui s'occupent de la fabrication de la baryte n'ont pas dit leur dernier mot, et cette fabrication, qui déjà a fait un grand progrès, est susceptible d'en réaliser encore dans un avenir prochain.

Les uns cherchent à vaincre ou à tourner les difficultés de réduction du carbonate de baryte, après avoir obtenu ce corps en décomposant le sulfure de baryum par l'acide carbonique.

Les autres se proposent d'obtenir directement la baryte dans les fours, même après avoir mélangé le sulfate avec certains corps capables de décomposer l'acide sulfurique.

D'autres essayent de mettre en pratique la précipitation

du chlorure de baryum par les lessives alcalines de soude. Le chlorure de baryum serait obtenu en attaquant par l'acide chlorhydrique des fours à sulfate de soude le carbonate de baryte ou mieux le sulfure de baryum.

Avec le sulfate de soude, on obtiendrait, par le procédé Leblanc, le carbonate de soude, et la soude, en faisant bouillir le carbonate avec un lait de chaux.

Il se formerait donc, en faisant réagir la soude sur le chlorure de baryum, d'un côté de la baryte qui se précipite sous forme cristalline, et du chlorure de sodium. Ce chlorure de sodium régénéré servirait de nouveau de point de départ à toute cette série de réactions que nous venons d'indiquer.

Nous ne pouvons pas nous permettre de critiquer ces tentatives, quelque hardies qu'elles puissent paraître; nous ne souhaiterons que bonne chance aux industriels assez courageux pour risquer leurs capitaux à l'entreprise d'une telle œuvre.

Nous allons maintenant faire la description du procédé industriel à l'aide duquel se fabrique le phosphate basique d'ammoniaque.

QUATRIÈME PARTIE

FABRICATION DU PHOSPHATE BASIQUE D'AMMONIAQUE

I. — Historique. — Gisements de phosphates de chaux. — Phosphates fossiles et minéraux. — Richesse. — Distinction physique et chimique. — Choix de la matière première. — Usine d'Asnières.

La fabrication du phosphate basique d'ammoniaque est moins complexe, et l'installation des appareils nécessaires à sa préparation beaucoup moins coûteuse que pour la production de l'hydrate de baryte.

Jusqu'à présent, ce sel, dont les usages sont peu répandus, n'a jamais été un produit courant ni industriel ; on ne le trouve chez les fabricants de produits chimiques que pour les besoins des laboratoires.

On essaya, en sucrerie, l'emploi d'un phosphate d'ammoniaque, mais sans succès, comme nous l'avons démontré; on en fit aussi l'application en agriculture; encore n'a-t-on eu en vue que le phosphate acide d'ammoniaque, renfermant, pour 1 d'acide phosphorique, 1 équivalent d'ammoniaque et 2 d'eau ($PHO^5,HOAzH^3,2HO$). Du reste, le sulfate d'ammoniaque est la forme la plus répandue sous laquelle on applique les sels ammoniacaux à l'agriculture. Je ne parle pas des autres sels ammoniacaux, tels que le chlorhydrate d'ammoniaque et le sesqui-carbonate, qui sont destinés à d'autres usages.

Nous pouvons donc affirmer que le phosphate basique d'ammoniaque, formé de 1 équivalent d'acide phosphorique contre 2 d'ammoniaque et 1 d'eau ($PHO^5,HO2AzH^3,HO$), n'a été, jusqu'à présent, qu'un produit de laboratoire et non un produit industriel. Il ne fit son entrée dans le domaine de la pratique qu'en 1871, dans la raffinerie Guillon, où je le fis préparer en grand. L'usine d'Asnières s'installa quelque temps après, et, sous l'habile direction de M. Storck, on fut en mesure de pouvoir le fabriquer par tonnes, cristallisé et chimiquement pur.

Le phosphore est un des corps les plus répandus dans le règne minéral, animal et végétal. S'il n'est pas un des éléments indispensables aux êtres organisés, il leur est du moins nécessaire pour constituer, sous forme de phosphate, la plus grande partie de leur charpente osseuse. C'est donc dans le règne animal et minéral qu'il faut aller puiser la matière première pour fabriquer l'acide phosphorique et, avec cet acide, le phosphate basique d'ammoniaque.

Pendant longtemps, ces précieuses matières, que les débris des siècles passés avaient accumulées, restèrent enfouies dans notre sol.

Ce n'est qu'en 1813 que l'attention des chercheurs fut mise en éveil, au moment où Payen faisait connaître aux agriculteurs l'efficacité du noir animal des sucreries et des raffineries, noir dont Pierre Figuier, l'oncle de M. Louis Figuier (1), le célèbre vulgarisateur, venait de découvrir les

(1) *Merveilles de l'industrie. Industrie du sucre.* — 1873.

propriétés décolorantes, propriétés qui furent appliquées peu de temps après, pour la première fois, par l'oncle de M. Adrien Guillon, le raffineur.

Les Anglais entrèrent les premiers dans cette voie, et, pour fabriquer leurs engrais, poussèrent de tous côtés leurs recherches, en France, en Espagne ; et on dit même qu'ils allèrent, comme des oiseaux de proie, jusqu'à explorer certains champs de bataille.

En 1818, Berthier découvrit, à Wissant, dans le Pas-de-Calais, les premiers gisements de phosphate de chaux. En 1822 et 1829, le professeur Buckland annonça que le phosphate de chaux, d'origine animale, était très-répandu dans les terrains de sédiment ; que ces coprolithes étaient formées d'excréments et de débris de divers animaux, notamment de grands sauriens, dont on retrouvait les os et les dents en fragments.

C'est cette abondance de débris fossiles qui faisait dire à l'illustre Cuvier, en 1810, dans son rapport sur les sciences naturelles, paroles que citait récemment M. Riche dans son discours de rentrée à l'École de pharmacie :

« A la vue d'un spectacle si imposant, si terrible même, celui des débris de la vie formant presque tout le sol sur lequel portent nos pas, il est bien difficile de retenir son imagination sur les causes qui ont pu produire de si grands effets. »

En 1855, M. Elie de Beaumont donnait une sûre direction aux recherches, en disant que c'était dans les assises du terrain crétacé, inférieur, que se trouvaient ces nodules coprolithiques, fidèles compagnons des grains verts de silicate de protoxyde de fer, désignés par les géologues sous le nom de chlorite.

La découverte des phosphates minéraux désignés sous le nom d'apatite et de phosphorite vint agrandir également les sources de l'acide phosphorique. On en trouva des mines considérables en Espagne, dans l'Estramadure et dans le midi de la France ; tout récemment, M. Daubrée en découvrit de très-grands gisements dans les départements du Lot et de Lot-et-Garonne.

La différence de richesse des deux espèces de phosphate, dont l'un, le phosphate fossile, renferme, d'après les analyses de M. Bobierre, une moyenne de 50 p. 100 de phosphate de chaux, et dont l'autre, d'après celles de M. Janetas, en contient de 70 à 80 p. 100, fit que l'industrie donna la préférence aux apatites et aux phosphorites dans la fabrication de l'acide phosphorique ; et on laissa à l'agriculture la totalité des fossiles, qui, du reste, sont très-assimilables, tandis que les autres ne le sont que quand ils ont été transformés préalablement en superphosphate par un acide énergique.

Il est très-facile, physiquement et chimiquement, de distinguer les phosphates fossiles d'avec les phosphates minéraux. Les nodules coprolithiques ont, en général, la forme de cailloux oblongs; leur grosseur varie de 2 à 8 centimètres de diamètre, et ils sont tantôt brun noirâtre, tantôt gris verdâtre. Du reste, la matière animale n'en a pas totalement disparu; si on les fait bouillir avec une solution alcaline, il s'en dégage aussitôt de l'ammoniaque.

Leur distinction est donc facile à déterminer.

II. — Sources de l'ammoniaque.

En désignant à l'industrie sucrière, pour épurer les sirops et les sucres, le phosphate basique d'ammoniaque associé à l'hydrate de baryte, et en en faisant la base d'une méthode nouvelle et pratique de travail, je me suis demandé auparavant si les sources de ces réactifs seraient assez abondantes, et si, une fois lancée dans cette voie, l'industrie ne pourrait pas, un jour, se trouver menacée d'une disette de produits.

En traitant de la fabrication de la baryte, j'ai indiqué en même temps l'abondance des gisements des minerais de baryte existant non-seulement en France, mais en Allemagne, en Belgique et en Angleterre, dont quelques-uns, dans ces différentes contrées, ne sont pas encore exploités.

En présence de sources aussi sérieuses, on peut donc être assuré d'une production plus que suffisante d'hydrate de baryte.

Quant à l'acide phosphorique destiné à former le phosphate basique d'ammoniaque, en faisant également la description de sa fabrication et en traçant un rapide tableau de l'existence de grands gisements de phosphates fossiles et minéraux, je crois avoir suffisamment démontré qu'avec deux sources aussi importantes, on pouvait compter sur une quantité suffisante d'acide phosphorique, sans porter le moindre préjudice à l'agriculture.

Les tourteaux de phosphate de chaux issus de la réaction entre le phosphate d'ammoniaque et les sels de chaux, en sortant des filtres-presses, sont restitués à l'agriculture, sous une forme bien plus assimilable, et se trouvent de plus enrichis de nombreuses matières organiques, dont quelques-unes sont azotées.

Du reste, est-ce que les débris de la vie ne viennent pas à chaque instant enrichir les sources déjà si abondantes de l'acide phosphorique, et fournir également le phosphate, si indispensable aux êtres organisés, animaux et végétaux, et si utile à la fois à l'existence de certaines industries chimiques et agricoles ?

Quant à l'ammoniaque, que j'associe à l'acide phosphorique pour constituer le phosphate basique d'ammoniaque, quelles en sont les sources, non-seulement pour le présent, mais aussi pour l'avenir ?

Nous allons donc jeter un coup d'œil rapide sur la constitution et le mode de formation de l'ammoniaque, ainsi que sur les procédés industriels à l'aide desquels on obtient ce précieux alcali.

III. — Ammoniaque provenant de l'azote de l'air.

Il existe peu de corps qui aient excité autant l'attention et l'intérêt des chimistes, non-seulement à cause de son mode de formation et de ses utiles applications, mais aussi à cause de sa nature intime. Sur cet alcali reposent les théories de philosophie chimique les plus élevées, telles que la fameuse théorie d'Ampère, qui a donné naissance à celle de l'ammonium.

Berzélius admettait que l'ammoniaque ne devenait basique que par le concours de l'eau ; que l'hydrogène s'ajoutant aux trois équivalents de l'ammoniaque, pour former, avec l'azote, un radical qu'il appela ammonium (AzH^4), et que l'oxygène s'unissait à ce radical pour constituer l'oxyde d'ammonium $(AzH^4)^2O$.

L'illustre chimiste suédois appuyait sa théorie sur la décomposition par l'électricité de l'ammonium de mercure, qu'il avait découvert en 1808.

Ce radical, appelé ammonium, si peu stable, et tout hypothétique qu'il est, n'en existe pas moins, quoiqu'on n'ait jamais pu jusqu'à présent l'isoler. Néanmoins, cette théorie, tout à la fois si ingénieuse et si féconde, a porté depuis ses fruits. Les prévisions d'Ampère et de Berzélius se sont réalisées, et aujourd'hui nous sommes loin des premières expériences électrolytiques.

Entre les mains de Laurent et de Gerhardt, cette théorie s'est enrichie de nombreux faits, et les théories typiques et celles des substitutions vinrent l'étendre et la confirmer. Qui ne connaît et n'admire les magnifiques travaux de MM. Wurtz et Hofmann sur les ammoniaques composées?

En substituant au radical hypothétique de Berzélius les dérivés alcooliques, tels que le méthyl, l'éthyl, le buthyl, on vit apparaître de nouveaux corps, qui portent le nom de méthylamine, éthylamine, buthylamine, qui démontrent bien que le radical, dans l'ammoniaque, joue le rôle de métal, et que cet alcali doit être considéré comme un oxyde ou un hydrate d'ammonium.

L'ammoniaque a été découverte par Kunchel en 1612 ; sa densité à zéro par rapport à l'eau est de 0,6234. Sa solution normale et commerciale pèse 21° Cartier. Nous devons à Dalton et Davy, et plus récemment à M. Carius, des tableaux indiquant la teneur en ammoniaque d'une solution de densité déterminée.

L'ammoniaque existe en bien petite quantité à l'état naturel ; on en trouve des traces dans l'air, dans quelques eaux et dans quelques terrains volcaniques ; on peut donc dire que l'ammoniaque est un produit artificiel, et qu'elle prend naissance par la combinaison de l'azote avec l'hydrogène sous l'action de certains agents chimiques.

La plus grande source de l'ammoniaque serait assurément l'air atmosphérique, si on parvenait un jour à résoudre le grand problème de la combinaison directe de l'azote avec l'hydrogène, qui jusqu'à présent semble avoir jeté un défi à la science.

Cependant d'ardents chercheurs sont sur la brèche ; les faits s'accumulent aux faits, et avec les progrès incessants de la chimie on arrivera un jour à former de toutes pièces l'ammoniaque avec l'azote de l'air.

Quoique l'ammoniaque soit formée de deux gaz, d'azote et d'hydrogène, et quoique cette combinaison soit très-stable et parfaitement définie, ces deux gaz n'en ont pas moins l'un pour l'autre une étonnante répulsion ; on n'a pu les unir directement que sous l'action de certaines forces et dans des conditions tout à fait spéciales. On n'a jamais pu obtenir une combinaison directe de ces deux gaz, même en les soumettant à une pression de 50 atmosphères; ce n'est qu'en faisant passer l'étincelle d'induction dans un mélange gazeux d'azote et d'hydrogène, qu'on a pu former de l'ammoniaque. Quel immense et vaste réservoir d'ammoniaque que l'air ! Quand on pense que l'azote entre pour les quatre cinquièmes dans sa composition. La raison est renversée devant les calculs infinis qu'on pourrait chiffrer et établir.

Si la production de l'ammoniaque est difficile à obtenir en combinant directement l'azote atmosphérique avec l'hydrogène, elle semble bien plus probable et bien plus prête à se réaliser en combinant l'azote avec certains métalloïdes et métaux.

La découverte des azotures métalliques est venue jeter un nouveau jour sur cet intéressant problème et donner de nouvelles espérances pour la production de l'ammoniaque avec l'azote de l'air.

En considérant l'ammoniaque comme un azoture d'hydrogène, elle peut donc servir de type de combinaison auquel se rattache la classe importante des azotures.

C'est encore le radical hypothétique de Berzélius qui donne sa place aux métaux dans la formation des azotures.

Le titane, le bore, le magnésium, le silicium, absorbent d'assez fortes quantités d'azote, à la température rouge, de même que le cuivre, le mercure et d'autres métaux, et ces azotures jouissent d'une très-grande stabilité.

La facilité avec laquelle ces composés se dédoublent en ammoniaque, soit sous l'influence de l'eau, comme l'azoture de magnésium, qui forme de la magnésie et de l'ammoniaque, soit sous l'influence des acides et des alcalis, les désigne suffisamment à l'attention des chimistes; et il est certain que, d'après les recherches quotidiennes dont ces corps sont l'objet, ces azotures devront jouer, dans un avenir peut-être prochain, le plus grand rôle, pour la fabrication industrielle de l'ammoniaque, au moyen de l'azote atmosphérique.

Il existe d'autres modes de formation qui sont loin d'avoir l'importance attachée aux azotures.

Ainsi, certains métaux, tels que le fer, le plomb, le zinc, en s'oxydant lentement au contact de l'eau, donnent lieu à une production d'ammoniaque ; mais nous ne considérons pas cette source comme très-sérieuse, attendu que la présence de l'acide nitrique, comme l'a démontré M. Cloëz, est indispensable pour que l'azote s'unisse à l'état naissant à l'hydrogène.

On obtient encore une régénération d'ammoniaque toutes les fois qu'on chauffe au contact de l'air le potassium, le zinc, l'arsenic, l'étain, le fer et le plomb, avec des hydrates d'oxydes alcalins et alcalino-terreux.

On obtient aussi cet alcali par l'action de l'hydrogène sur les composés oxygénés de l'azote, en présence de certains corps poreux, comme l'éponge de platine.

En 1859, MM. Roger et Jaquemin, en démontrant qu'on pouvait obtenir de l'ammoniaque avec l'azote en faisant passer ce gaz et de la vapeur d'eau sur du charbon de bois incandescent, ont fait faire un pas de plus dans la voie de la fabrication de l'ammoniaque avec l'azote atmosphérique.

Il y a quelques années, MM. Possoz et Boissière faisaient connaître une nouvelle méthode de préparation des cyanures avec l'azote de l'air, cyanures qui pouvaient aussi, par l'action de la vapeur d'eau, devenir une nouvelle source d'ammoniaque.

Ces chimistes préparaient l'azote en faisant passer un courant d'air sur de la tournure de fer chauffée au rouge, qui retenait l'oxygène. L'azote arrivait ensuite dans des cornues en terre réfractaire, renfermant un mélange de charbon et de potasse, au sein duquel s'engendrait l'ammoniaque.

MM. Margueritte et de Sourdeval ont également fait connaître plus récemment une nouvelle réaction qui peut permettre à l'azote de l'air de devenir une nouvelle source d'ammoniaque. Ces chimistes ont remarqué qu'en faisant passer un courant d'air sur de la baryte chauffée en présence d'un excès de charbon, celle-ci se transformait en cyanure de baryum. On aurait donc ainsi le moyen de produire de l'ammoniaque.

Mais sans avoir recours à toutes ces recherches, si intéressantes cependant, n'avons-nous pas sans cesse devant les yeux, dans nos opérations industrielles, une magnifique génération d'ammoniaque, quand nous faisons passer de la vapeur d'eau sur nos noirs sortant des fours, dans le but d'oxyder les sulfures?

Cette formation d'ammoniaque ne serait-elle pas le résultat d'une transformation de l'azote atmosphérique absorbé par le noir, se combinant avec l'hydrogène de l'eau, à l'état naissant, et en présence d'un corps poreux? Et ces dégagements d'acide cyanique, dont on constate aussi la présence pendant ces mêmes opérations, leur production ne pourrait-elle expliquer la formation de l'ammoniaque, par la combinaison d'abord du carbone soit avec l'azote préexistant, soit avec l'azote atmosphérique, absorbé dans les pores du noir, et qui donnerait naissance à l'acide cyanique que la vapeur d'eau dédouble si facilement en ammoniaque et en acide carbonique, selon la formule suivante :

$$\left(\begin{matrix}CAz\\H\end{matrix}\right\}O + H^2O = CO^2 + AzH^3)?$$

Toutes ces réactions, qui n'ont pas encore reçu d'applications, viennent jeter un grand jour sur la solution du problème de la fabrication de l'ammoniaque avec l'azote de l'air. C'est par une étude plus attentive et plus profonde de ces phénomènes qu'on parviendra à édifier des méthodes pratiques; mais en attendant que de ces sources si fécondes, mais encore cachées, on fasse jaillir de toutes pièces cet alcali précieux, les sources actuelles, qui ne peuvent que s'agrandir, et auxquelles l'industrie a recours, offrent déjà une sérieuse et sûre garantie pour la production de l'ammoniaque.

IV. — Ammoniaque provenant de l'azote des matières végétales et animales.

C'est dans l'air également, ce vaste réservoir d'azote, que viennent continuellement puiser les animaux et les végétaux. En même temps qu'ils absorbent l'oxygène, qui se transforme ensuite en acide carbonique, ils s'assimilent l'azote.

Aussi tous les tissus animaux et presque tous les végétaux contiennent de l'azote. C'est donc dans le règne animal et végétal que se trouvent les plus grandes sources d'ammoniaque que l'industrie exploite.

Jusque vers le dix-huitième siècle, le commerce avait été tributaire de l'Inde et de l'Egypte, et l'ammoniaque arrivait de ces contrées, en Europe, sous forme de chlorhydrate et de carbonate d'ammoniaque. Ces sels ammoniacaux provenaient de la sublimation, dans des matras en verre, de la fiente carbonisée des chameaux.

L'industrie a aujourd'hui en main, indépendamment des différents modes de production dont nous avons parlé, quatre grandes sources pour fabriquer l'ammoniaque :

1° La calcination des matières animales en présence des alcalis, et la production alternative des cyanures et de l'ammoniaque;

2° La distillation des matières d'origine végétale, telles que la houille, la tourbe;

3° La calcination des os en cornues pour la production du noir animal;

4° La putréfaction et la distillation des urines ou eaux-vannes.

Examinons rapidement ces quatre grandes sources de production d'ammoniaque.

Toutes les matières animales, qui forment une si grande variété, renferment de l'azote, telles que : les chiffons de laine, qui en contiennent pour 100 parties de matières sèches 20,26 p. 100 ; la peau, 14 p. 100 ; la corne, 15,78 p. 100; le sang, 17 p. 100 ; l'urine, 23 p. 100, etc.

Si on les calcine en vase clos, il s'en dégage de l'ammoniaque, mais la totalité de leur azote n'est pas transformée. Elles peuvent donc servir par une simple distillation sèche à la formation de cet alcali. Mais si on mélange, en proportions convenables, avec ces substances animales, un alcali, tel que la potasse, la soude ou la chaux, tout l'azote se dégage sous forme d'ammoniaque.

C'est sur cette réaction fondamentale et sur ce principe connu que M. Knab, l'année dernière, a fait breveter un procédé ayant pour but de mélanger, avec les matières animales réduites en poudre, de la chaux vive, et d'augmenter ainsi leur rendement. Il étendit aussi son procédé à l'extraction de l'azote des matières végétales, du blé, des graines oléagineuses et même de la houille.

Les différentes variétés de charbon, telles que la houille, le lignite, l'anthracite, contiennent de 15 à 18 et 20 pour mille d'azote; or, la distillation sèche de ces produits ne fournit, sous forme d'ammoniaque, que la dixième partie environ de l'azote qu'ils renferment, et c'est en calcinant ces substances avec des alcalis, tels que la chaux, que M. Knab jeta las bases d'un procédé nouveau et vint agrandir les sources de l'ammoniaque.

La fabrication des cyanures peut également devenir, suivant certaines conditions et selon la conduite des opérations, une source féconde d'ammoniaque.

Pour obtenir ces composés, ce sont toujours des matières animales qu'on met en contact avec la potasse à des températures élevées.

Si cet alcali est mis en présence du charbon azoté préparé séparément, on obtiendra peu de cyanures, mais une forte quantité d'ammoniaque. C'est le contraire qui a lieu si on fait réagir la potasse en fusion sur les matières animales brutes sans les calciner préalablement. On a donc dans cette fabrication une source assez abondante et spontanée d'ammoniaque.

La formation de cet alcali, dans les usines qui fabriquent le gaz de l'éclairage par la distillation de la houille en vase clos, constitue aussi une source d'ammoniaque non moins sérieuse et non moins intéressante. On comprend sans peine l'existence de l'azote dans le charbon de terre, puisqu'il est formé de débris de végétaux qui ont éprouvé une combustion lente pour se carboniser et que les révolutions du globe ont enfouis depuis des siècles dans les profondeurs de la terre.

Quelles variétés et quelles richesses de produits la houille a mises entre nos mains ! Elle est la base de toutes les industries qui emploient la vapeur ; les carbures d'hydrogène qu'elle fournit ont fait naître cette belle fabrication des matières colorantes dérivées de la benzine ; ne doit-on pas aussi au produit gazeux de la houille l'éclairage de nos villes et de nos usines? Et c'est comme matières secondaires qu'elle produit les goudrons et les eaux ammoniacales.

Ces eaux ammoniacales sont loin d'être pures ; elles sont formées d'un mélange de chlorhydrate, de carbonate, de sulfhydrate, de cyanhydrate et de sulfocyanhydrate d'ammoniaque.

La chaux en sépare totalement l'ammoniaque, et on sait avec quelle facilité on obtient cet alcali à l'état de pureté avec les ingénieux appareils de MM. Mallet et Figuera.

J'avais installé, l'année dernière, à la raffinerie Guillon, une petite fabrication d'ammoniaque en me servant d'un alambic en fer que je chauffais avec des vapeurs de retour, et j'employais cet alcali à la préparation du phosphate basique d'ammoniaque. J'obtenais cette ammoniaque en distillant, en présence de la chaux, les eaux ammoniacales de divers établissements, telles que les eaux de l'hospice de Bicêtre.

Cette préparation a fait naître en moi un projet que je me permets de soumettre, en passant, à MM. les fabricants de sucre.

Aujourd'hui, presque toutes les fabriques s'éclairent avec le gaz. Pourquoi ne recueillerait-on pas dans des citernes les eaux ammoniacales provenant de la fabrication du gaz, pour les distiller à un moment donné?

Il suffirait, pour cela, que dans chaque fabrique il y eût un petit appareil en fer de distillation, qu'on chaufferait avec de la vapeur de retour, auquel on relierait une série de bonbonnes pour recueillir et condenser les eaux ammoniacales.

On obtiendrait ainsi, par une première distillation, des espèces de flegmes qui pèseraient environ de 12 à 15° Baumé, et qu'on pourrait ensuite envoyer à une distillerie centrale, absolument comme le font actuellement certains distillateurs, qui vendent leurs flegmes alcooliques pesant 50° à des rectificateurs de flegmes ammoniacales, qui reformeraient de l'ammoniaque à 22°.

Ne serait-ce pas là aussi une nouvelle source d'ammoniaque pour l'industrie et l'agriculture?

On a essayé de tirer parti des eaux ammoniacales de certaines industries, notamment des eaux qui proviennent de la calcination des os, pour la fabrication du noir animal, Cette idée, qui semblait avoir été abandonnée, a été reprise par M. Pilon, de Nantes, et par MM. Dunod et Bougleux, à Aubervilliers.

Cette distillation se fait dans des cornues en fonte, et les gaz et les vapeurs sont refroidis en les faisant passer dans des jeux d'orgues.

Les os que ces industriels emploient pour cette opération ne doivent pas être dégélatinés.

Après le dégraissage, ils renferment de 6 à 7 p. 100 d'azote, tandis que, dégélatinés, ils n'en contiennent plus que 1 à 2 p. 100.

On ne peut donc qu'encourager dans cette voie ces habiles fabricants, qui comprennent qu'une matière de la valeur de l'ammoniaque ne doit pas être perdue pour les arts et l'agriculture. Espérons que cet exemple sera suivi et portera ses fruits.

L'attention des fabricants de charbon de tourbe ne devrait-elle pas aussi être attirée de ce côté, quand on pense à la quantité d'ammoniaque qu'ils perdent tous les jours par leur carbonisation en pots et dont la condensation serait si facile et deviendrait pour eux une source plus grande de bénéfice ?

De toutes les sources d'ammoniaque actuellement exploitées, l'extraction de l'azote que contiennent les urines est celle qui nous semble la plus abondante et la plus riche.

Presque tous les liquides de l'organisme contiennent de l'azote, l'urine, qui en renferme 23 p. 100, peut donc servir avec avantage de matière première pour la fabrication de l'ammoniaque.

Aussi, dans les grandes villes de l'Europe, en Angleterre, en Allemagne, en France, et surtout à Paris, ces liquides sont-ils recueillis avec soin et forment l'objet d'une vaste exploitation.

Les matières fécales sont déposées à la Villette et envoyées par des pompes foulantes, dans de larges tuyaux de plusieurs kilomètres, jusqu'à Bondy, où les matières viennent dans de vastes bassins se déposer et se séparer en deux produits, l'un solide, qui est la proudrette, l'autre liquide, qui constitue les eaux-vannes contenant l'azote. Ces eaux-vannes sont pompées dans des réservoirs spéciaux, où on leur fait subir une véritable putréfaction qui transforme au bout d'un mois l'azote en carbonate d'ammoniaque. On extrait ce sel avec les ingénieux appareils de M. Figuera, qui consistent à volatiliser le carbonate d'ammoniaque en faisant passer un courant de vapeur dans de grandes cuves qui renferment les eaux-vannes.

Ces eaux fournissent de 10 à 12 kilog. de sulfate d'ammoniaque par mètre cube ; or, on traite à l'usine de Bondy 300,000 litres d'eaux-vannes, d'où l'on peut extraire environ 3,000 kilg. de sulfate d'ammoniaque par vingt-quatre heures.

Malheureusement, ces précieuses matières premières sont loin d'être toutes recueillies; on a estimé que, par an, il se perd par les égouts 800,000 mètres cubes d'urine, ce qui représente une perte de 7 à 8,000,000 de kilog. de sulfate d'ammoniaque.

Telles sont les sources de l'ammoniaque; on le voit, elles sont abondantes; on ne doit donc pas craindre que cet alcali fasse un jour défaut pour la fabrication du phosphate d'ammoniaque.

V. — Pulvérisation du minerai. — Attaque du minerai par l'acide sulfurique. — Épuisement méthodique de la masse.

Comme nous l'avons dit, l'industrie, pour la fabrication de l'acide phosphorique, a donc choisi comme matière première l'apatite et la phosphorite; et ce sont ces deux minerais qui servent de matière première pour la fabrication du phosphate basique d'ammoniaque.

Avant d'opérer toute transformation chimique du minerai, on commence par le réduire en poudre, à l'aide du broyeur Carr.

Le minerai pulvérisé est introduit par une trémie dans un cylindre de fonte parfaitement clos, à l'extrémité duquel est adapté un conduit en bois communiquant avec la grande cheminée de l'usine, qui forme un tirage énergique pour enlever toutes les vapeurs et les gaz qui se dégagent pendant la réaction.

On ajoute le minerai par petites portions, en quantité égale à l'acide sulfurique ; l'acide sulfurique est employé à 66, et poids pour poids.

Au fur et à mesure de l'addition du minerai et de l'acide, un arbre de fonte, portant des palettes, brasse sans cesse le mélange ; la masse s'échauffe considérablement, et on laisse la réaction se prolonger pendant six heures.

On obtient ainsi une masse pâteuse assez consistante qui renferme un mélange de sulfate de chaux, d'acide phosphorique, de phosphate acide de chaux et d'acide sulfurique libre.

On procède ensuite à l'épuisement méthodique de la masse.

Voici de quelle manière nous avons conseillé et fait exécuter ce lessivage méthodique. Dans une grande cuve en bois, doublée de plomb et divisée en quatre compartiments d'égale grandeur, munis de barboteurs de vapeur, on introduit dans le premier, par exemple, un quart de la masse d'attaque ; on ajoute une suffisante quantité d'eau, de façon à rendre le mélange assez fluide ; on le porte à l'ébullition et on l'introduit dans des mannes d'osier recouvertes de grosse toile, pour en séparer la liqueur acide.

Cette première liqueur, pesant environ 8° Baumé, est reçue dans le second compartiment, dans lequel on introduit un autre quart de la masse d'attaque ; on fait bouillir et on fait filtrer dans les mannes ; cette seconde liqueur acide pèse environ 15° Baumé.

Elle est reçue dans un troisième compartiment et mélangée de nouveau avec un troisième quart ; la liqueur filtrée pèse 20° Baumé ; enfin, le reste de la masse d'attaque est mélangé avec cette dernière liqueur, et après filtration on obtient des eaux acides pesant 25° Baumé.

VI. — Composition et épuration des eaux acides à 25° Baumé. — Élimination de l'acide sulfurique, du sulfate de chaux, du phosphate de chaux. — Phosphate monobasique à 2 équivalents d'eau. — Précipitation sous forme cristalline du phosphate bibasique à 1 équivalent d'eau.

La composition des eaux à 25° Baumé est assez complexe; elles sont constituées par un mélange d'acide phosphorique libre, de phosphate acide de chaux et d'une petite quantité d'acide sulfurique libre et de sulfate de chaux. Elles sont recueillies dans une cuve en bois doublée de feuilles en plomb, pour subir les différentes transformations chimiques destinées à la séparation des corps étrangers, afin d'obtenir de l'acide phosphorique parfaitement pur.

On sépare l'acide sulfurique et le sulfate de chaux, soit par le phosphate acide de baryte, soit par le carbonate de baryte; c'est ordinairement ce sel auquel on a presque toujours recours ; une analyse préalable détermine exactement la quantité d'acide sulfurique à éliminer, et par conséquent le poids du sel barytique à ajouter. Le précipité issu de cette réaction est du sulfate de baryte insoluble dans toute liqueur acide; et la chaux du sulfate se trouve ainsi à l'état de phosphate de chaux en dissolution dans l'acide phosphorique.

On fait en sorte de mettre un petit excès de sel barytique, de façon à avoir plutôt des traces de phosphate de baryte soluble que d'avoir de l'acide sulfurique. On s'en assure du reste facilement avec les réactifs employés ordinairement pour déceler la présence de ces corps.

On sépare par décantation le précipité de sulfate de baryte des liqueurs acides.

Le degré baisse à peu près de 1 ou 2° Baumé.

Les liqueurs acides débarrassées de l'acide sulfurique se trouvent encore souillées de chaux à l'état de phosphate.

On sépare ce corps en neutralisant les liqueurs acides par l'ammoniaque, de façon à obtenir une légère réaction alcaline. Toute la chaux se précipite alors sous forme de phosphate de chaux insoluble dans le milieu alcalin.

On sépare ce précipité par décantation ou filtration.

Les liqueurs ne pèsent plus alors que 20° Baumé et ne sont composées que d'acide phosphorique pur combiné à 1 équivalent d'ammoniaque.

Si on faisait cristalliser ce sel, les cristaux ne seraient que du phosphate monobasique à 2 équivalents d'eau et ayant pour formule $PhO^5,HOAzH^3,2HO$.

Pour obtenir le phosphate bibasique d'ammoniaque à 1 équivalent d'eau, il est indispensable d'avoir une dissolution de phosphate monobasique assez concentrée; sans cela, la précipitation en masse du phosphate bibasique n'aurait pas lieu.

La densité de 20° Baumé, qu'on obtient sans avoir besoin d'évaporer les liqueurs, en suivant la méthode d'épuisement que je viens d'indiquer, est une densité très-convenable pour précipiter totalement le phosphate bibasique d'ammoniaque.

Voici comme on opère pour effectuer cette précipitation :

On fait arriver en même temps, dans de petits cristallisoires, une solution de phosphate monobasique d'ammoniaque à 20° Baumé et de l'ammoniaque à 22, dans la proportion de 1 équivalent 1/2 d'alcali pour 1 équivalent de phosphate d'ammoniaque sec. Au fur et à mesure de l'addition des deux liqueurs, le phosphate bibasique se précipite en une masse cristalline, et il se produit une élévation de température par suite de la combinaison chimique. On tient les cristallisoires parfaitement clos, pour éviter toute perte d'ammoniaque, et on laisse refroidir.

On loche après refroidissement les masses cristallines, et on les soumet à l'action de la presse hydraulique.

Les eaux ammoniacales qui en sont extraites sont recueillies pour être distillées et reforment de l'ammoniaque à 22, et le produit pressé est du phosphate d'ammoniaque chimiquement pur et cristallisé, renfermant 1 équivalent d'acide phosphorique, 2 équivalents d'ammoniaque et 1 d'eau, dont la formule est $PhO^5,HO2AzH^3,HO$.

VII. — Traitement des résidus.

Les résidus issus de l'épuisement de la masse d'attaque, et qui ont fourni les différentes liqueurs acides, sont réunis et traités par l'eau bouillante. Cette eau, après filtration, pèse 5° Baumé et sert de nouveau à l'épuisement des masses suivantes. On soumet finalement le résidu insoluble à l'action des presses, qui en sépare les dernières eaux acides, qu'on mélange aux autres. Le tourteau qu'on obtient est considéré comme épuisé et ne renferme en grande partie que du sulfate de chaux et de très-petites quantités d'acide phosphorique.

Les résidus de sulfate de baryte sont lavés et peuvent servir à la fabrication de la baryte ; ceux du phosphate de chaux sont, après lavage, remis en chargement dans le cylindre d'attaque avec le minerai pulvérisé.

Ces différentes opérations chimiques ont donc pour but de donner un phosphate d'ammoniaque très-pur, et c'est l'action combinée de ce sel avec l'hydrate de baryte, dont nous venons de décrire la théorie et le mode d'emploi, que nous appliquons avec succès à l'épuration des produits des plantes saccharifères.

FIN

PARIS. — Imp. GAUTHIER-VILLARS, 55, quai des Grands-Augustins. — 2118-73.

www.ingramcontent.com/pod-product-compliance
Ingram Content Group UK Ltd.
Pitfield, Milton Keynes, MK11 3LW, UK
UKHW022113170726
13837UKWH00003B/1193

9 782019 969431